Frontispice.

Ainsi la Déesse de la Sagesse et le Dieu du goût récompensent les enfans studieux et laborieux.

ALPHABET MYTHOLOGIQUE
OU
Petits tableaux des Dieux de la Fable
présentés en forme d'entretiens

avec 26 jolis sujets de gravures

2ᵉᵐᵉ ÉDᵒⁿ

PARIS
Chez Alexis Eymery, Rue Mazarine N.º 30.

(1822)

ALPHABET
MYTHOLOGIQUE,

OU

PETITS TABLEAUX

DES DIEUX DE LA FABLE,

POUR L'INSTRUCTION DES ENFANS;

Ouvrage en forme d'entretiens, et orné de jolies gravures.

PARIS.

A LA LIBRAIRIE D'ÉDUCATION
D'ALEXIS EYMERY, RUE MAZARINE, N° 30.

1826.

Imprimerie DAUMONT, avenue de St.-Cloud,
n° 3, à Versailles.

AVERTISSEMENT.

Quoique la Mythologie soit un tissu d'inventions bizarres, un amas de fictions ingénieuses, mais la plupart dépourvues de vraisemblance, elle est cependant d'une indispensable nécessité, et il n'est pas permis à un enfant bien élevé de l'ignorer ; sans le secours de la fable, il ne pourrait lire dans la suite les poètes qui en ont fait l'ornement de leurs vers.

Ajoutons encore que les peintres et les sculpteurs ont également exercé leurs talens sur ces fictions, et si les enfans n'en avaient point quelque connaissance, leurs chefs-d'œuvre, qui embellissent nos places, nos musées, nos jardins, seraient pour eux une énigme inexplicable. Combien au contraire leur imagination ne serait-elle pas charmée en voyant que les poètes ont donné la vie aux choses les plus insensibles ; qu'ils ont animé tous les objets de la nature en représentant la mer sous l'image d'*Amphitrite*, le vent sous celle d'*Eole*, les fleuves sous celle des vieillards qui versent leur urne !

Mais comme, pour ne point choquer les bonnes mœurs, cette scène demande beaucoup de retenue, il est bon d'en donner une idée succincte aux enfans, ayant soin de se réduire au silence quand il s'agira de dire des choses qui pourraient choquer leur délicatesse : c'est le plan que l'on a suivi dans cet Alphabet, qui, je pense, quoiqu'il ne contienne que des notions sur la Mythologie, pourra plaire par la précision et la netteté avec lesquelles les objets y sont présentés, et surtout par le soin que l'on a eu de saisir les applications ingénieuses et morales qui peuvent servir à leur instruction.

A B
C D
E F

a	b
c	d
e	f

G	H
I J	K
L	M

g	h
i j	k
l	m

N	O
P	Q
R	S

n	o
p	q
r	s

T	U
V	X
Y	Z

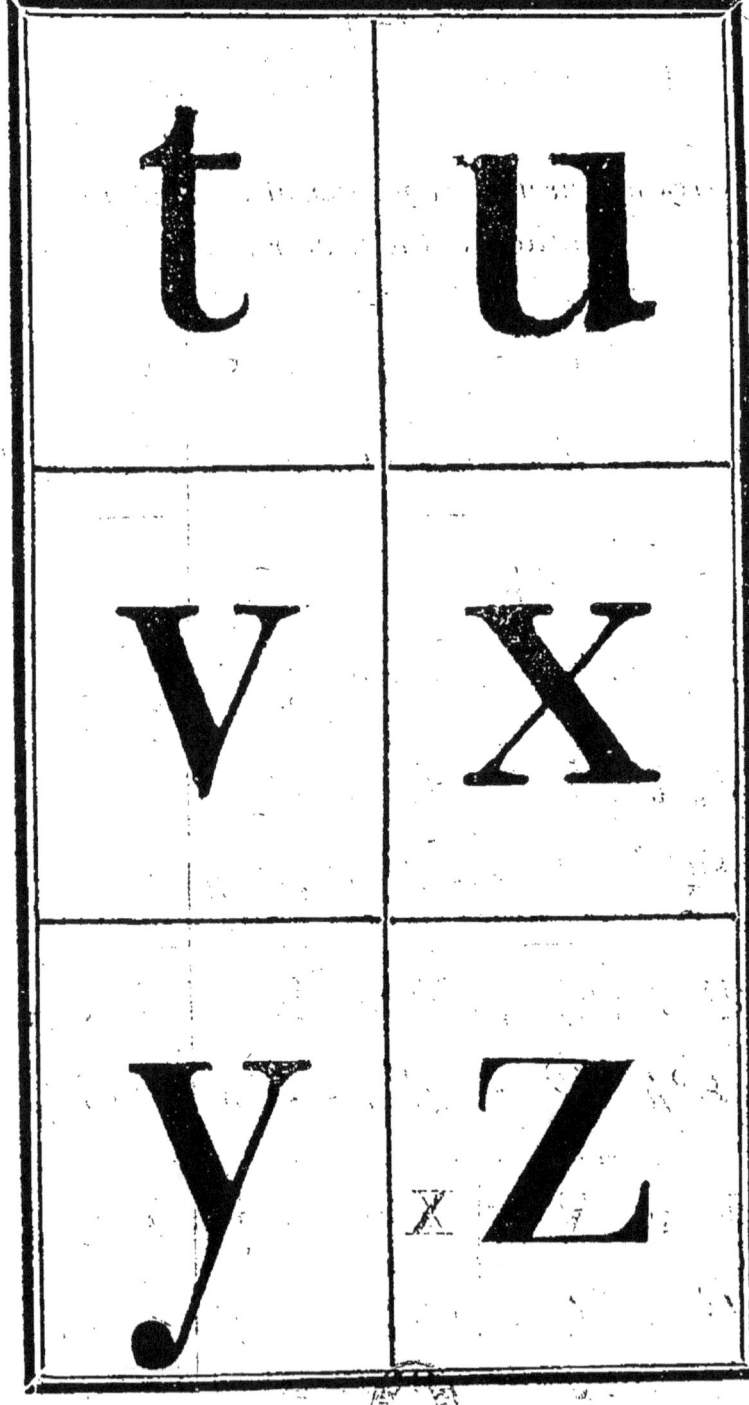

ALPHABET QUADRUPLE,

ou

Lettres majuscules et minuscules, courantes, italiques et manuscrites.

A a	B b	C c	D d	E e
A a	*B b*	*C c*	*D d*	*E e*
F f	G g	H h	I i	J j
F f	*G g*	*H h*	*I i*	*J j*
K k	L l	M m	N n	O o
K k	*L l l*	*M m*	*N n*	*O o*
P p	Q q	R r	S s	T t
P p	*Q q*	*R r*	*S s*	*T t t*
U u	V v	X x	Y y	Z z
U u	*V v*	*X x*	*Y y*	*Z z*

Lettres doubles et liées ensemble.

æ	œ	fi	ffi
fi	ffi	fl	ffl
ff	fb	fl	ff
ct	ft	w	&.
œ	œ	*fi*	*ffi*
fi	*ffi*	*fl*	*ffl*
ff	*fb*	*fl*	*ff*
ct	*ft*	*w*	*&.*

Voyelles.

a e i ou y o u

Syllabes.

ba be bi bo bu
ca ce ci co cu
da de di do du
fa fe fi fo fu
ga ge gi go gu
ha he hi ho hu
ja je ji jo ju
ka ke ki ko ku

la	le	li	lo	lu
ma	me	mi	mo	mu
na	ne	ni	no	nu
pa	pe	pi	po	pu
qua	que	qui	quo	qu
ra	re	ri	ro	ru
sa	se	si	so	su
ta	te	ti	to	tu
va	ve	vi	vo	vu
xa	xe	xi	xo	xu
za	ze	zi	zo	zu

MOTS FACILES A ÉPELER.

Pa-pa, ma-man, cha-peau, pa-pier, Dieu, chat, chien, gâ-teau, prin-temps, é-té, au-tom-ne, ar-gent, ca-ba-ne, pom-me, poi-re, cou-teau, vo-lant, ra-quet-te, rai-sin, voi-sin, man-ger, mar-cher, cou-rir, ai-mer, son frè-re, sa sœur, tou-te sa fa-mil-le.

MOTS PLUS DIFFICILES A ÉPELER.

His-toi-re, my-tho-lo-gie, fan-tai-sie, di-li-gen-ce, mas-ca-ra-de, o-ri-gi-nal, par-don-na-ble, se-cou-ra-ble, ju-di-ci-eux, im-pos-tu-re, au-then-ti-que-ment, ci-vi-li-sa-ti-on, ha-bi-tuel-le-ment, na-tu-rel-le-ment, jus-ti-fi-ca-ti-on, in-cor-ri-gi-ble, obs-ti-na-ti-on, dé-sin-té-res-se-ment.

Phrases simples.

La sagesse de l'enfant le rend aimable. | La vérité doit toujours être dans sa bouche. | Ne mentez jamais. | Dieu voit tout. |

Il anime la nature, il nourrit l'homme; | l'homme doit l'adorer, le craindre et l'aimer. | Un enfant ne peut plaire à Dieu qu'en faisant ses devoirs. | Ses devoirs sont de prier Dieu, d'obéir à ses parens et à son maître, de travailler pour s'instruire.

Phrases composées.

Les hommes sont faits pour s'aimer : | ils sont en société pour se rendre service les uns aux autres. | Celui qui ne veut être utile à personne, n'est pas digne de vivre avec ses semblables. | Les militaires défendent la patrie. | Les juges font rendre à chacun ce qui lui appartient.

| Les prêtres sont les dépositaires de la morale. | Les marchands procurent tout ce dont on a besoin; les ouvriers le préparent. | Les savans nous expliquent les merveilles de la nature; les artistes nous en représentent les beautés. | Le philosophe est celui qui aime la sagesse.

Règles de la ponctuation.

On se sert de six marques ou caractères, pour distinguer les différentes parties du discours. Ces marques sont : la virgule (,), le point avec la virgule (;), les deux points (:), le point (.), le point d'interrogation (?), et le point d'admiration (!).

La virgule s'emploie pour distinguer les parties ou membres d'une phrase ou d'une période. Exemple : *Je vous ai envoyé, malgré les circonstances, le livre que vous m'aviez demandé, livre qui ne peut que vous être utile.*

La virgule s'emploie encore entre les noms, les verbes, les adverbes, lorsqu'il s'en trouve plusieurs de suite. Exemple :

La grammaire, la géographie, l'histoire, la mythologie sont des sciences très-utiles.

Boire, manger, jouer, dormir sont des actions dont l'excès est nuisible à la santé.

Il faut lire *hautement, clairement, distinctement,*

Le point avec la virgule marquent une plus grande pause que la virgule; ils se placent après une phrase suivie d'une autre phrase qui sert à l'étendre ou à l'éclaircir. Exemple :

Un enfant sage doit être également attentif à ce qu'il fait et à ce qu'il dit; afin qu'il mérite d'être récompensé.

Les deux points diffèrent peu du point avec la virgule : ils se mettent après une phrase finie, mais suivie d'une autre phrase qui dépend de la première. Exemple :

Amédée paraît avoir renoncé à la paresse : genre de vie commun à bien des enfans : c'est ce qui plaît fort à son maître.

Le point se met à la fin des phrases et des périodes. Exemples :

On est blâmable quand on conserve son argent sans vouloir jamais en faire un bon usage : et c'est ce qui s'appelle avarice.

On est louable quand on ne le conserve dans un temps que pour s'en servir à propos dans un autre : et c'est là ce qui s'appelle économie.

Le point d'interrogation s'emploie après les phrases dont les termes sont interrogatifs. Exemple :

Que voulez-vous dire? Que voulez-vous faire? Avez-vous prié Dieu?

Le point d'admiration se met après les phrases dont les termes sont admiratifs, dédaigneux ou plaintifs.

Quel charmant caractère! Hélas! que deviendrai-je! Quel aimable enfant!

Il y a d'autres caractères qui servent dans la construction des mots et des phrases.

L'apostrophe ('), qui marque le retranchement d'une voyelle.

Le trait d'union (-), qui joint deux mots ensemble.

Le tréma (¨), qui sépare la prononciation d'une voyelle avec une syllabe précédente, comme *Saül, Moïse, ambiguë, héroïque.*

La cédille (ç), qui donne au *c* le son d'une *s*.

La parenthèse ( ), qui renferme une remarque séparée du discours.

Les guillemets (»), qui se mettent en marge au commencement de la première ligne et à la fin de la dernière d'un discours ou de la citation d'un autre auteur.

Il faut aussi connaître et savoir placer à propos les accens sur les é è
accent aigu. grave.

ê et sur les autres voyelles â, î, ô, û.
circonflexe.

Il faut encore observer qu'on doit mettre une lettre majeure au commencement des phrases, des noms propres, à beaucoup de substantifs, et au commencement de chaque vers.

MYTHOLOGIE.

INTRODUCTION.

Plusieurs élèves d'une pension avaient passé quelques jours de congé chez leurs parens. A leur rentrée ils ne manquèrent point de se raconter mutuellement ce qu'ils avaient vu de beau en se promenant. Moi, dit l'un d'eux, j'ai été voir les tableaux du Muséum ; moi, ajouta un autre, j'ai vu les belles statues du Luxemboug et des Tuileries. C'est tout ce qu'ils pouvaient dire, car peut-être que ceux qui les conduisaient ignoraient eux-mêmes ce que représentaient ces tableaux et ces statues. Le maître, qui les entendit, se mit à sourire, et ensuite il leur dit : Vous voyez, mes amis, qu'aux yeux des ignorans, les plus belles choses du monde sont sans aucun intérêt. Si vous aviez eu quelque connaissance de la mythologie, vous sauriez rendre raison de ce que vous avez vu. Eh bien ! notre cher maître, reprirent-ils tous ensemble, faites-nous le plaisir de nous instruire de cette science. Je le veux bien, reprit le maître, mais à condition que vous serez sages et bien attentifs, que cette étude ne nuira pas à vos autres devoirs, et qu'elle se fera pendant les récréations et les promenades. Tous y consentirent, et à la première récréation le maître leur tint parole.

DES GRANDS ET DES PETITS DIEUX
DE LA FABLE.

PREMIER ENTRETIEN.

Saturne.

LA mythologie, mes amis, dit le maître à ses élèves, était la religion des Païens. Cette religion consistait dans le culte des faux dieux, que leurs poètes, leurs peintres et leurs statuaires ont immortalisés par leurs chefs-d'œuvre. On donna à ces divinités païennes différens attributs.

Le plus ancien des dieux est Uranus ou le Ciel, qui eut pour femme Titée ou la Terre. Son fils aîné, Titan, céda l'empire à son

frère Saturne ou le Temps, à condition qu'il n'élèverait aucun enfant mâle, et celui-ci dévorait ses enfans aussitôt qu'ils étaient nés, parce qu'il était écrit dans le Destin qu'il serait détrôné par l'un d'eux. Mais Rhéa ou Cybèle, sa femme, sauva Jupiter, Neptune, Pluton, Junon et Cérès ; elle prétendait être accouchée d'une pierre, et cachait l'enfant qu'elle avait.

Oh ! le vilain dieu, s'écria le petit Amédée. Manger ses enfans ! et comment ses enfans ne le punirent-ils pas ?

Dans la suite, reprit le maître, Jupiter ayant appris que Saturne avait voulu le faire périr, il le détrôna et le força de se retirer en Italie, où il fut bien reçu par Janus.

— Sans doute ce fut un mauvais roi ?— Point du tout : l'histoire nous dit que ce prince se conduisit avec tant de justice et de modération, qu'il se fit aimer de ses sujets, et qu'on regarde comme le siècle d'or le temps de son règne. On célébrait en son honneur la fête nommée des *Saturnales.* Il n'était permis de traiter aucune affaire pendant sa durée; les maîtres donnaient la liberté à leurs esclaves et les servaient à table.

Qu'était ce Janus qui reçut si bien Saturne? demanda Théophile. — Janus, mes amis, était, d'après les poètes, ou un philosophe, ou le plus ancien roi d'Italie. On le représente avec deux visages parce qu'il est le symbole d'un homme d'une prudence consommée, qui consiste à se souvenir du passé et à prévoir l'avenir.

Mais, monsieur, dit le petit Ariste, Saturne eut-il des enfans en Italie? car je voudrais bien savoir s'il les traitait mieux que ceux dont vous nous avez parlé plus haut. — Il eut de Philire le centaure *Chiron*, répondit le maître. C'était un monstre moitié homme et moitié cheval. Il vivait dans les montagnes, toujours armé d'un arc; et il devint, par la connaissance qu'il acquit des simples, le plus habile médecin de son temps. Il enseigna son art à Esculape, l'astronomie à Hercule, et fut le précepteur d'Achille. Comme il souffrait beaucoup au pied, d'une blessure que lui avait faite en tombant une flèche

(25)

…rcule, trempée dans le sang de l'hydre …erne, il désira fort de mourir, et quoi- …fût immortel, il demanda la mort avec … d'instance, que les dieux le placèrent …le ciel parmi les douze signes du zodia- …, et c'est le sagittaire.

…ais prenez garde, mes amis, que mal… …que les poètes aient rempli la Thessalie …monstres semblables à ce centaure, et …ls font chasser de ce pays par Hercule, …moins cette imagination n'est fondée …sur ce que les peuples de Thessalie trou… …nt les premiers l'art de dompter les che- …, et de s'en servir pour la course. Leurs …ins, qui n'avaient jamais vu de cavaliers, … prenant de loin pour des monstres, les …maient *Centaures* et *Hippocentaures*; ce … signifie des monstres moitié hommes et …tié chevaux.

…n revenant sur ce que je vous ai dit que …urne dévorait ses enfans, cela signifie que …emps détruit tout. On le représente donc …s la figure d'un vieillard, tenant une faux … main, soit pour marquer que le temps …uit tout, soit pour exprimer qu'il présidant sa durée; les maîtres donnaient la liberté à leurs esclaves et les servaient à table.

Qu'était ce Janus qui reçut si bien Saturne ? demanda Théophile. — Janus, mes amis, était, d'après les poètes, ou un philosophe, ou le plus ancien roi d'Italie. On le représente avec deux visages parce qu'il est le symbole d'un homme d'une prudence consommée, qui consiste à se souvenir du passé et à prévoir l'avenir.

Mais, monsieur, dit le petit Ariste, Saturne eut-il des enfans en Italie ? car je voudrais bien savoir s'il les traitait mieux que ceux dont vous nous avez parlé plus haut. — Il eut de Philire le centaure *Chiron*, répondit le maître. C'était un monstre moitié homme et moitié cheval. Il vivait dans les montagnes, toujours armé d'un arc; et il devint, par la connaissance qu'il acquit des simples, le plus habile médecin de son temps. Il enseigna son art à Esculape, l'astronomie à Hercule, et fut le précepteur d'Achille. Comme il souffrait beaucoup au pied, d'une blessure que lui avait faite en tombant une flèche d'Hercule, trempée dans le sang de l'hydre de Lerne, il désira fort de mourir, et quoiqu'il fût immortel, il demanda la mort avec tant d'instance, que les dieux le placèrent dans le ciel parmi les douze signes du zodiaque, et c'est le sagittaire.

Mais prenez garde, mes amis, que malgré que les poètes aient rempli la Thessalie de monstres semblables à ce centaure, et qu'ils font chasser de ce pays par Hercule, néanmoins cette imagination n'est fondée que sur ce que les peuples de Thessalie trouvèrent les premiers l'art de dompter les chevaux, et de s'en servir pour la course. Leurs voisins, qui n'avaient jamais vu de cavaliers, les prenant de loin pour des monstres, les nommaient *Centaures* et *Hippocentaures;* ce qui signifie des monstres moitié hommes et moitié chevaux.

En revenant sur ce que je vous ai dit que Saturne dévorait ses enfans, cela signifie que le temps détruit tout. On le représente donc sous la figure d'un vieillard, tenant une faux à la main, soit pour marquer que le temps détruit tout, soit pour exprimer qu'il présidait à l'agriculture, qu'il avait enseignée aux hommes. Quelquefois il a les pieds enchaînés, pour exprimer que les semences de la terre, auxquelles on le fait présider, sont comme liées et inanimées jusqu'à sa fête, qu'elles commencent à pousser, au milieu de janvier. On lui met aussi quelquefois en main un serpent qui se mord la queue, pour montrer le cercle perpétuel des vicissitudes du monde; on lui donne aussi un sablier pour la même raison; on le voit quelquefois avec des ailes, pour marquer que rien ne s'envole plus vite que le temps; et encore avec des yeux par devant et par derrière, pour la grande pénétration qu'on lui a attribuée.

Nous vous remercions de votre complaisance, notre cher maître, dirent tous les élèves, et nous vous promettons de redoubler d'attention.

SECOND ENTRETIEN.

Cybèle et Cérès.

Le maître commença par faire répéter à ses élèves tout ce qu'il leur avait dit la veille; ils s'en acquittèrent bien; il leur témoigna sa satisfaction, et il continua ainsi:

Il est juste qu'après avoir parlé de Saturne, nous nous occupions de son épouse. Les poètes la nomment *Rhéa,* ou *Ops*, ou *Cybèle,* ou *Vesta,* et la mère de tous les dieux; elle passait ordinairement pour présider à la terre.

Était-elle aussi méchante que son mari? demanda le petit Eugène. Oh! non, mon ami, répondit le maître : tandis que Saturne épiait le moment où elle accoucherait, pour dévorer l'enfant, elle prenait toutes les précautions possibles pour le soustraire à sa cruauté. Elle veilla d'une manière toute particulière sur la conservation de Jupiter. Après sa naissance, pour empêcher que ses vagissemens ne le fissent découvrir à son père Saturne, les Corybantes firent du bruit avec des instrumens de musique. Elle prit autant de précautions en faveur de Neptune, elle le cacha aussitôt qu'il fut né. C'était une bonne mère, reprit le petit Eugène. — Oui; non-seulement elle passait pour la mère des dieux, mais encore pour celle des hommes, et les poètes disent que Cybèle était la terre elle-même : aussi la représente-t-on sous la figure d'une femme assise, entourée d'animaux, avec une couronne de plantes, ou une tour sur la tête; quelquefois elle est portée sur un char traîné par des lions. Ne confondez pas, mes amis, Cérès avec Cybèle. Cérès, comme je vous l'ai dit, était fille de Cybèle; elle était regardée comme la déesse des moissons. On la représente avec une couronne d'épis et de pavots. Elle porte aussi un flambeau. Pourquoi des pavots et un flambeau? demanda le jeune Théophile. — Parce qu'elle chercha long-temps pendant la nuit sa fille Proserpine, qui fut enlevée par Pluton pendant qu'elle s'amusait avec ses nymphes à cueillir des fleurs; et comme les recherches qu'elle fit furent longues et pénibles, elle en avait perdu le sommeil. Le pavot, qui a la vertu de faire dormir, le lui rendit. Voilà, mes amis, ce que j'avais à vous dire de Cybèle et de Cérès. Il est bon que vous preniez un peu de récréation ; votre esprit n'en sera que mieux disposé pour l'entretien prochain.

TROISIÈME ENTRETIEN.

Jupiter.

Un jour de promenade, lorsqu'on fut arrivé au lieu désigné, les élèves ne manquèrent point de s'asseoir autour de leur maître. — Nous en sommes à Jupiter, leur dit-il ; ce dieu, après avoir détrôné son père, partagea l'empire du monde avec ses frères Neptune et Pluton. Il garda le ciel pour lui, donna les eaux à Neptune, et les enfers à Pluton ; mais il ne demeura pas tranquille sur son trône, car il eut une guerre à soutenir contre les géants qui étaient des hommes d'une taille et d'une force extraordinaires, que la terre produisit pour venger la défaite de ses autres enfans les Titans, que Jupiter avait tués pour être dispensé de leur rendre le royaume de leur père, d'après les conventions faites avec Saturne. Ces géants entassèrent montagnes sur montagnes, pour escalader le ciel et en chasser Jupiter ; mais ils furent renversés par la foudre et écrasés sous leurs montagnes.

Les dieux, au lieu de prendre la défense

de Jupiter, furent tellement effrayés à la vue des géants, qu'ils s'enfuirent en Egypte, et s'y cachèrent sous diverses figures d'animaux: c'est pourquoi on adora par la suite différens animaux en Egypte. Il n'y eut que Silène qui n'abandonna point Jupiter. — Quel est ce Silène ? lui demandèrent les élèves. — Silène, répondit-il, était le père nourricier et le précepteur de Bacchus ; il ne le quittait jamais, c'est pourquoi il était toujours ivre. Les satyres, qu'on appelait Silènes quand ils étaient vieux, le respectaient comme leur père ; mais en vous parlant de Silène, encore faut-il vous dire quelque chose de son âne. On conte que Jupiter, après avoir terminé heureusement la guerre qu'il eut contre les géants, le mit au nombre des astres, en reconnaissance des services que Silène lui avait rendus sur cette monture.

Quand Jupiter se vit débarrassé de ses ennemis, il s'appliqua à former le monde, qui auparavant était un chaos. Qu'entend-on par chaos ? lui demandèrent les élèves. — On entend par ce mot la confusion des élémens ; cependant ce nom fut donné au dieu qui, en débrouillant tout, produisit l'univers. On lui donne pour fils le Destin, image de la toute-puissance divine : la Terre est à ses pieds; dans ses mains est une urne qui renferme le sort des hommes. Mais revenons à Jupiter.

Ce dieu ayant travaillé à former des hommes, Prométhée en voulut former aussi. Ayant pétri des figures avec de l'argile, il les anima du feu qu'il déroba au char du Soleil. Jupiter, pour le punir de cette témérité, le fit attacher par Vulcain sur le mont Caucase, où un vautour lui déchirait les entrailles. Cependant les dieux, jaloux de ce que Jupiter voulait avoir le droit exclusif de former des hommes, formèrent une femme qu'ils appelèrent Pandore; mais Jupiter, pour s'en venger, donna à Pandore une boîte dans laquelle étaient renfermés tous les maux de la terre. Une fatale curiosité l'ayant fait ouvrir la boîte, ils se répandirent sur la terre. De là le siècle de fer, c'est-à-dire le siècle où l'on connut les maladies, la guerre, les crimes; l'espérance néanmoins resta au fond de la boîte, pour consoler les mortels. Enfin, mes amis, pour terminer cet entretien, il me suffit de vous dire que l'on représente Jupiter ordinairement assis sur un nuage, avec des foudres à la main, et soutenu par un aigle.

QUATRIÈME ENTRETIEN.

Junon.

Pour vous donner d'abord une idée juste de Junon, mes amis, je vous dirai d'abord qu'on la représente avec un paon, symbole de l'orgueil. — Cette déesse était donc bien orgueilleuse ? dit le petit Amédée. — Non-seulement orgueilleuse, mais encore jalouse et méchante, reprit le maître, et c'est ce dont vous serez à même de juger quand je vous aurai rapporté deux traits qui ont rapport à Hercule dans son enfance ; ce qui ne nous empêchera pas de revenir dans la suite sur ce dieu.

Cette déesse, la reine du ciel, était sœur et épouse de Jupiter. Ses enfans furent *Hébé*, déesse de la jeunesse, qui versait le nectar aux dieux, jusqu'à ce qu'elle fût remplacée par Ganimède ; *Mars* et *Bellone*, le dieu et la déesse de la guerre ; et *Vulcain*, dieu du feu et des forges. Jupiter le voyant contrefait, le jeta d'un coup de pied sur la terre, ce qui lui cassa la cuisse et le rendit boiteux. Il le chargea de la fabrication de ses foudres, et lui donna pour ouvriers les Cyclopes, ainsi appelés parce qu'ils n'avaient qu'un œil au milieu du front.

Junon eut pour messagère *Iris*, qui est l'arc-en-ciel, qui semble communiquer du ciel à la terre; et elle donna pour surveillant à Jupiter, *Argus*, qui avait cent yeux; mais Jupiter le tua, et la déesse plaça les cent yeux d'Argus sur la queue du paon, ou le changea lui-même en cet oiseau. Cette jalousie de Junon eût été en quelque sorte excusable, à cause de la mauvaise conduite de son mari, si elle ne l'eût point poussée jusqu'à la méchanceté, comme elle le fit à l'égard du petit Hercule. — Ah! bon, dit Eugène, notre cher maître va nous raconter les traits qu'il nous a promis. Redoublons d'attention, pour mieux nous en rappeler lorsqu'il sera question une seconde fois de ce qui regarde Hercule.

Junon, dit le maître, informée qu'Alcmène, sa rivale, avait mis au monde Hercule, conçut une telle haine contre l'enfant, qu'elle mit en usage pour le perdre, tout ce que la fureur de la jalousie put lui suggérer. La nuit qui suivit celle où cet enfant naquit, Junon envoya deux serpens pour le dévorer dans son berceau; mais ce fut en vain, car le vigoureux enfant les ayant pris tous deux de chaque main, les pressa de telle force, qu'il leur ôta la vie. Enfin Pallas s'employa si bien à réconcilier le petit Hercule avec Junon, qu'elle l'allaita elle-même.

Monsieur, dit le petit Amédée, faites-nous le plaisir de nous dire si Jupiter et Junon eurent d'autres enfans que ceux dont vous avez parlé plus haut? — Non, mon ami, répondit le maître : Jupiter eut bien Minerve; mais elle sortit tout armée de son cerveau. — Elle est donc guerrière? — Oui; et quand on la considère comme déesse de la guerre, elle porte un casque et une lance, et s'appelle *Pallas;* déesse des sciences, c'est *Minerve :* l'olivier lui est consacré.

Ici le petit Ariste, un peu étourdi, se mit à éclater de rire. On lui demanda le sujet de

sa folie.—Je pense, dit-il, que si Théophile, qui a un grand nez, et qui éternue toujours, voyait sortir de son cerveau une femme tout armée, il serait bien étonné. — Doucement, monsieur, dit le maître; quand Théophile m'apporte un bon devoir ou une analyse bien faite, c'est ce que j'appelle *sa Minerve;* et quand vous, qui avez un petit nez, m'en apporterez de semblables, vous pourez plaisanter. Le petit Ariste promit à son maître de mettre cet avis à profit.

CINQUIÈME ENTRETIEN.
Apollon et Diane.

Vous, mes amis, qui êtes destinés à cultiver les arts, vous allez entendre avec plaisir parler du dieu qui y préside; c'est Apollon, fils de Jupiter et de Latone, qui naquit avec Diane. Ce dieu eut pour fils Esculape, dieu de la médecine, qui rappela à la vie Hippolyte, fils de Thésée, déchiré par les monstres marins. Jupiter, par jalousie, foudroya Esculape; et Apollon, ne pouvant exercer sa vengeance sur le père des dieux, tua les Cyclopes fabricateurs de ses foudres. Jupiter punit ce meurtre en chassant Apollon du ciel, et en le dépouillant de la divinité. Celui-ci se réfugia chez Admète, roi de Thessalie. Mercure lui déroba une génisse; mais Apollon lui prit son carquois. Il aima Daphné sans pouvoir s'en faire aimer, et il la changea en laurier, joli arbre qui lui est consacré. Il eut le malheur de tuer, en jouant au palet, le jeune Hyacinthe, son ami, et il le changea en une fleur qui porte son nom.

Poursuivi par les parens d'Hyacinthe, il se retira dans la Troade, où il rencontra Neptune, brouillé aussi avec Jupiter. Tous deux se réfugièrent à la cour du roi Laomédon, et firent prix avec lui pour bâtir les murs de Troie; mais ce prince ayant eu la mauvaise foi de ne pas donner la récompense promise, Neptune détruisit une partie de la ville par une inondation, et Apollon dépeupla le pays par la peste. Laomédon, pour arrêter ces fléaux, consulta l'oracle, qui répondit qu'il fallait apaiser Apollon et Neptune en exposant tous les ans une jeune Troyenne aux monstres marins. Comme la victime était choisie par le sort, il tomba sur Hésione, fille du roi lui-même; mais Hercule la délivra, sur la parole que lui donna Laomédon de lui faire présent de quelques beaux chevaux. Ce roi ayant mal agi avec Hercule, celui-ci, irrité, assiégea la ville, la prit, et tua son prince parjure.

Apollon retourna-t-il au ciel? demanda Amédée.—Oui, mon ami; il se réconcilia avec Jupiter, et reprit la conduite du char du Soleil. Depuis le départ d'Apollon, de fameux oracles se rendaient en son nom à Delphes. Il est en outre le dieu de la poésie et de la musique, et préside en cette qualité la cour des neuf muses, sur le Parnasse, cour dans laquelle tient un rang distingué un cheval ailé nommé Pégase, né du sang de Méduse, qui d'un coup de pied fit jaillir l'iHppocrène, dont les eaux arrosent le Parnasse, l'Hélicon et le Pinde. Voici quelles sont les neuf muses.

Clio, qui préside à l'histoire. Elle est couronnée de lauriers, tenant à la main une trompette ou un manuscrit.

Euterpe, déesse de la musique et de la poésie pastorale.

Thalie, muse de la comédie, chaussée

de brodequins. Elle tient un masque à la main.

Melpomène, muse de la tragédie. Le cothurne est sa chaussure, une couronne royale pare sa tête. Elle tient un sceptre ou un poignard.

Terpsichore pince la harpe ou la lyre, et préside à la danse.

Erato, muse de la poésie lyrique, se couronne de myrtes et de roses.

Polymnie, muse de l'éloquence.

Calliope, déesse de la poésie épique. On la représente ordinairement assise, et couronnée de lauriers.

Uranie, muse de l'astronomie. Elle tient un globe d'une main, de l'autre un compas; elle est couronnée d'étoiles.

Mais, monsieur, demanda Ariste, de qui les muses sont-elles filles? — De Jupiter et de Mnémosyne, déesse de la mémoire. — Apollon devait bien posséder les arts, puisqu'il était le président des muses? La fable rapporte un trait qui semble le prouver. Marsyas voulut lui disputer le prix de la musique; il gagna le défi sur ce satyre, et pour le punir il le fit écorcher tout vif.—Le châtiment était un peu sévère ! s'écrie Amédée ; mais je voudrais bien savoir si Apollon eut d'autres enfans qu'Esculape ?—Il eut, répondit le maître, *Phaéton*, les *Héliades*, qui furent changées en peupliers; et, suivant quelques auteurs, l'*Aurore*, qui épousa *Titon*, fils de Laomédon, en faveur duquel elle obtint de Jupiter l'immortalité, mais qui devint si vieux, qu'il demanda à être changé en cigale ; et, suivant les poètes, *Aurore* versa une si grande abondance de larmes à l'occasion de son fils Memnon, tué par Achille, que ses larmes furent changées en rosée.

La fable ne nous dit-elle rien de particulier de Phaéton ? demanda Théophile.—Pardonnez-moi, mes amis; faites bien attention à ceci. Un jour Phaéton alla trouver son père, pour le prier de lui permettre de conduire son char seulement pendant un jour. Son père eut beau lui représenter qu'il n'était ni assez prudent, ni assez expérimenté, ni assez courageux, pour venir à bout d'une telle entreprise, et qu'assurément il s'en repentirait; ce prince audacieux ne fit aucun cas de son avis, persista toujours à lui demander cette faveur, et l'obtint enfin; mais à peine fut-il sur le char, que les chevaux sentant une main étrangère, montèrent jusqu'au ciel, où ils mirent le feu, et descendirent ensuite jusque sur la terre, qu'ils brûlèrent entièrement. Jupiter, irrité de l'ambition de ce conducteur imprudent, lança sa foudre sur lui, et le précipita dans le fleuve Éridan. Cette fable apprend aux enfans à respecter les ordres et les avis de leurs parens.

Nous vous remercions, notre cher maître, dit Ariste; il ne nous reste plus qu'à savoir comment on représente Apollon. Comme dieu de la lumière, répondit le maître, il est monté sur un char traîné par quatre chevaux blancs; comme dieu des arts, il a une lyre à la main et une couronne de lauriers sur la tête; comme frère de Diane, déesse de la chasse, il est représenté sous la forme d'un beau jeune homme, avec un carquois, des flèches et un arc.

En parlant de Diane, il est bon que vous sachiez ce que la fable nous en dit. Cette sœur d'Apollon a plusieurs emplois et plusieurs noms : c'est *Diane*, déesse de la chasse sur la terre; la *Lune* au ciel; *Hécate* dans les enfers. On dit qu'un chasseur l'ayant vue par hasard dans un lieu où elle se baignait avec ses nymphes, elle le changea en cerf, et ses chiens ne le reconnaissant plus le dévorèrent.

Elle avait un fameux temple à Éphèse, ville de l'Asie-Mineure; ce temple était mis au nombre des sept merveilles du monde. Enfin, on représente cette déesse chaussée d'un cothurne, un carquois sur l'épaule, un arc et une flèche à la main, et sur sa tête un croissant.

Le maître, satisfait de l'attention qu'avaient apportée ses élèves à cette leçon, qui fut plus longue qu'à l'ordinaire, prolongea leur récréation d'une demi-heure.

SIXIÈME ENTRETIEN.

Bacchus et Mercure.

La naissance de ce dieu, dit le maître, nous présente quelque chose de remarquable. Sémélé, sa mère, qui avait eu cet enfant de Jupiter, voulut voir le père des dieux dans toute sa gloire; mais elle n'en put supporter l'éclat, et mourut. Bacchus survécut à sa mère, grâce aux soins de Jupiter. Mais, ajouta le maître, par qui fut-il élevé? voyons si vous vous en souviendrez, Ariste. — Par Silène, répondit-il, que l'on peint comme un vieux ivrogne monté sur un âne. — Fort bien; je vois que vous n'avez point oublié ce que j'ai dit. Bacchus fut un grand conquérant, et subjugua les Indes. On dit qu'il inventa l'art de faire le vin; aussi est-il le dieu du vin et des vendanges. Dans la suite on célébra en son honneur des orgies et des bacchanales où régnaient le tumulte et la licence; il avait pour prêtresses les *Bacchantes*, espèces de furies toujours échevelées, armées de thyrses, c'est-à-dire de lances entourées de pampres, et jouant du sistre et du tambour de basque.

Sans doute, dit Théophile, que ce dieu est représenté d'une manière analogue à ses fonctions? — Il est représenté, répondit le maître, sous la figure d'un jeune homme nu, traîné sur un char par des tigres et des panthères, couronné de lierre, une coupe dans une main, et dans l'autre un thyrse. Venons à présent à Mercure.

Ce dieu était fils de *Maïa*, fils d'Atlas. Ses fonctions étaient d'être l'interprète et le messager des dieux ; il conduisait aussi les âmes des morts aux enfers. On le regardait comme le dieu des voleurs, du commerce et de l'éloquence ; on le représente avec des ailes à la tête et aux pieds, et à la main un caducée ou baguette où sont entrelacés deux serpens ; souvent il tient une bourse.

Mais, monsieur, dit Amédée, il y a ici quelque chose qui me choque, c'est de voir un dieu protecteur des voleurs. — Mes amis, répondit le maître, les anciens voyant que la vie était mélangée de bien et de mal, supposèrent qu'il fallait nécessairement qu'il y eût des dieux qui autorisassent le bien, et d'autres le mal ; et ce qui leur a donné l'idée de cette supposition par rapport à Mercure, c'est qu'il s'amusa dans sa jeunesse à dérober à Jupiter son sceptre, à Neptune son trident, à Apollon sa lyre, et à Vulcain son marteau.

Ces éclaircissemens firent grand plaisir aux élèves, qui promirent bien de se les rappeler quand l'occasion se présenterait.

SEPTIÈME ENTRETIEN.

Vénus.

Parmi les poètes, mes amis, dit le maître, les uns disent que Vénus est fille de Jupiter, les autres qu'elle est née du sang qu'Uranus blessé laissa tomber sur l'écume de la mer. Aussitôt sa naissance, Zéphyre la porta dans l'île de Chypre, où les Heures la nourrirent. En la voyant, les dieux en furent épris, et chacun voulut l'avoir pour épouse. Vulcain, quoique le plus laid de tous les dieux, l'obtint, parce que Jupiter lui devait une grande récompense pour avoir forgé les foudres célestes. Elle eut un grand nombre d'enfans, parmi lesquels on compte Cupidon et les trois Grâces. Voilà tout ce que j'aurais à vous dire sur Vénus, à moins que je ne vous rapporte un trait qui regarde Adonis. — Oh! oui, notre cher maître, s'écrièrent tous les élèves : nous allons bien écouter.

Adonis, reprit le maître, fils de Myrra et de Cynire, roi de Chypre, était un jeune homme auquel Vénus était attachée. Un jour à la chasse un jeune sanglier lui donna un coup

de boutoir dont il mourut. Vénus, après avoir bien pleuré sa mort, ramassa le sang qui était sorti de sa plaie, et le changea en cette fleur rouge que nous appelons anémone. Comme cette déesse, à la voix mourante d'Adonis, courait tout échevelée et nu-pieds, une épine la blessa, et du sang qui sortit elle en teignit la rose, qui devint rouge, de blanche qu'elle était auparavant. Enfin, mes amis, continua le maître, pour achever ce qui a rapport à Vénus, je vous dirai qu'il n'y a point de déesse qui ait été honorée dans un plus grand nombre de villes, et qu'on la représente assise sur un char traîné par des colombes.

HUITIÈME ENTRETIEN.

Neptune.

Nous voici, mes amis, dit le maître, au dieu des mers. — C'est Neptune! s'écria Ariste. — Fort bien. De qui était-il fils? — De Saturne, et frère de Jupiter. — C'est tout ce que je vous en ai dit : je vais continuer. Ce dieu épousa Amphitrite, fille de la nymphe Doris et du vieux Nérée, le plus ancien des dieux marins. Il avait à sa suite les syrènes, les naïades et les tritons.

On représente les syrènes sous la figure d'une jolie vierge depuis la tête jusqu'au milieu du corps; et par en bas sous la forme d'une queue de poisson couverte d'écailles. On dit qu'elles habitaient les rochers escarpés, sur les bords de la mer, où, après avoir attiré les étrangers par la douceur de leur musique, elles les faisaient périr.

Les naïades étaient comme les *syrènes*, moitié femmes, moitié poissons; elles accompagnaient ordinairement *Amphitrite*. Elles habitaient le palais du dieu des eaux, où on dit qu'elles travaillaient, contaient des histoires, et servaient à table. La plus ancienne des naïades, nommée Thétis, épousa Pelée.

Les tritons étaient moitié hommes, moitié poissons; ils sont représentés assis sur un dauphin, ayant une trompette entortillée dans leur bouche, avec laquelle on les suppose appeler toutes les divinités de Neptune, lorsque ce dieu a besoin de leur service et de leurs conseils.

Il y a donc aussi dans la mer d'autres dieux que Neptune? dit Amédée. — Oui, mon ami, répondit le maître. Prothée, pasteur des troupeaux de Neptune, Glaucus, Ino, son fils Mélicerte, et Eole, le dieu des vents. Les poètes font résider Neptune dans un palais de cristal, au fond de la mer, et ils le représentent assis sur une coquille marine, traînée par deux chevaux marins, tenant dans sa main droite un trident dont il se servait pour agiter les ondes, mais qu'il quittait quelquefois quand il voulait les apaiser.

Voilà, mes amis, tout ce que j'avais à vous dire de Neptune. Allez prendre un peu de récréation; demain notre entretien sera plus long.

NEUVIÈME ENTRETIEN.
Pluton.

Vous savez, mes amis, dit le maître, que Pluton est le dieu des enfers, et que n'ayant pu trouver de déesse qui voulût l'épouser, il enleva Proserpine, fille de Cérès. — Oui, monsieur, répondirent les élèves; mais nous voudrions savoir ce que les poètes entendaient par enfer? — Les poètes, mes amis, entendaient des lieux souterrains où allaient les âmes des morts, pour être récompensées ou punies, suivant qu'elles avaient bien ou mal vécu; et pour vous donner une idée juste de ces souterrains, je vais vous en faire la description de la manière la plus abrégée possible.

Le premier objet que l'on trouvait à l'entrée des enfers, était *Cerbère*, chien à trois têtes ; il fallait ensuite traverser le fleuve du Styx, qui, se repliant neuf fois sur lui-même, environnait le Tartare. On le passait dans une barque conduite par le vieux Caron. C'est par le Styx que les dieux juraient.

Les autres fleuves du Tartare étaient le Cocyte, l'Achéron, le Phlégéton et le lac d'Averne. Le Tartare était la partie des enfers où étaient renfermés les méchans, pour y être tourmentés par les furies Alecton, Tysiphone et Mégère, qui étaient armées de fouets et de flambeaux, et qui faisaient subir aux coupables les peines prononcées par les trois juges Eaque, Minos et Rhadamante.

Pluton est assis sur un trône d'ébène ; au pied de ce trône est la Mort, armée d'une faux tranchante, qu'elle aiguise sans cesse. On y voit aussi les trois Parques, *Clotho, Lachésis* et *Atropos*, qui filent la vie des hommes : 'une tient la quenouille, l'autre file, et la troisième, armée de ciseaux, coupe la trame. C'est de cette trame que dépend la vie de chaque mortel.

— Pluton doit être un dieu bien cruel ? dit le petit Amédée. — Je vous ai déjà dit que les juges prononçaient les peines, et vous allez juger de leur sévérité par le supplice des principaux coupables. On voit dans les enfers:

1° Tantale, roi de Phrygie, qui, ayant eu la barbarie de servir aux dieux son fils Pélops coupé par morceaux, pour éprouver leur divinité, fut précipité dans ce lieu d'horreur, où il est au milieu des eaux sans pouvoir étancher sa soif, et a une branche chargée de fruits au-dessus de sa tête, sans qu'il puisse atteindre.

2°. Les *Danaïdes*, filles d'un roi d'Argos. Elles étaient cinquante. S'étant mariées toutes le même jour, quarante-neuf d'entr'elles égorgèrent leurs maris la première nuit de leurs noces. Elles furent condamnées à remplir continuellement un tonneau percé.

3°. *Sysiphe*, fameux voleur. Il roulait, sur le haut d'une montagne, un énorme rocher qui retombait, et qu'il était obligé de remonter.

3

pour vous donner une idée juste de ces so[uter]-
rains, je vais vous en faire la descripti[on]
de la manière la plus abrégée possible.

Le premier objet que l'on trouvait à l'e[n]-
trée des enfers, était *Cerbère*, chien à tr[ois]
têtes ; il fallait ensuite traverser le fleuve
Styx, qui, se repliant neuf fois sur lui-mêm[e]
environnait le Tartare. On le passait dans u[ne]
barque conduite par le vieux Caron. C'[est]
par le Styx que les dieux juraient.

Les autres fleuves du Tartare étaient le C[o]-
cyte, l'Achéron, le Phlégéton et le lac d'[A]-
verne. Le Tartare était la partie des enfers [où]
étaient renfermés les méchans, pour y ê[tre]
tourmentés par les furies Alecton, Tysiph[oné]
et Mégère, qui étaient armées de fouets et [de]
flambeaux, et qui faisaient subir aux cou[pa]-
bles les peines prononcées par les trois ju[ges]
Eaque, Minos et Rhadamante.

Pluton est assis sur un trône d'ébène ; [au]
pied de ce trône est la Mort, armée d'une f[aux]
tranchante, qu'elle aiguise sans cesse. O[n]
voit aussi les trois Parques, *Clotho*, *Lach*[ésis]
et *Atropos*, qui filent la vie des homm[es ;]
[l]'une tient la quenouille, l'autre file, e[t]

troisième, armée de ciseaux, coupe la trame. C'est de cette trame que dépend la vie de chaque mortel.

—Pluton doit être un dieu bien cruel? dit le petit Amédée. — Je vous ai déjà dit que les juges prononçaient les peines, et vous allez juger de leur sévérité par le supplice des principaux coupables. On voit dans les enfers: 1° Tantale, roi de Phrygie, qui, ayant eu la barbarie de servir aux dieux son fils Pélops coupé par morceaux, pour éprouver leur divinité, fut précipité dans ce lieu d'horreur, où il est au milieu des eaux sans pouvoir étancher sa soif, et a une branche chargée de fruits au-dessus de sa tête, sans qu'il puisse l'atteindre.

2°. Les *Danaïdes*, filles d'un roi d'Argos. Elles étaient cinquante. S'étant mariées toutes le même jour, quarante-neuf d'entr'elles égorgèrent leurs maris la première nuit de leurs noces. Elles furent condamnées à remplir continuellement un tonneau percé.

3°. *Sysiphe*, fameux voleur. Il roulait, sur le haut d'une montagne, un énorme rocher qui retombait, et qu'il était obligé de remonter.

4°. *Salmonée*, frère de Sysiphe, qui voulut se faire passer pour un dieu, et fut foudroyé par Jupiter.

5°. *Ixion*. Ayant voulu séduire Junon, il fut attaché dans les enfers à une roue qui tourne perpétuellement.

6°. *Phlégyas*, qui, ayant mis le feu au temple de Delphes, est sans cesse menacé par la chute d'un rocher.

Si les méchans étaient sévèrement punis, sans doute les bons étaient récompensés? dit Théophile. — Oui, mon ami, répondit le maître : il y avait dans les enfers, au-delà du Tartare, le séjour des bienheureux; c'étaient les Champs-Élysées. Les bosquets, toujours verts, de cet asile délicieux étaient arrosés par le fleuve *Léthé*, dont les eaux avaient la vertu de faire oublier le passé.

Mais, mes amis, la manière dont on représente Pluton est digne de remarque. Il est assis sur un trône ténébreux, avec un sceptre à deux branches, pour le distinguer du trident de Neptune, qui en avait trois avec une couronne de fer sur la tête. Quelquefois les marques de sa dignité sont une clef qu'il porte au lieu de sceptre, et une couronne d'ébène. On le représente aussi couronné de bandelettes, souvent de fleurs de narcisse et de feuilles de cyprès, parce qu'on dit qu'il aimait beaucoup ces sortes de plantes, mais particulièrement le narcisse, parce que Proserpine en cueillait dans le temps qu'il l'enleva. Souvent au lieu de sceptre on lui met une verge à la main, avec laquelle il conduit les âmes des morts dans les enfers. On le peint quelquefois avec un casque qui lui couvre le visage, de sorte qu'on ne le voit point; son char noir, attelé de chevaux de même couleur, est celui qu'il avait quand il enleva Proserpine.

Permettez-moi, monsieur, dit Théophile, de vous demander si un dieu que l'on dit être le dieu des richesses et que j'ai entendu nommer Plutus, serait au nombre des divinités infernales ? Non, mon ami, répondit le maître, mais la ressemblance de son nom avec celui de Pluton et la conformité de leurs fonctions, exigent que je vous en dise ici quelque chose. Ils sont l'un et l'autre les dieux des richesses, que la nature, comme une bonne mère, a cachées dans le centre de la terre, à cause des maux qu'elles causent; et l'envie d'en amasser est le chemin le plus court pour conduire les hommes aux enfers. Plutus était fils de *Jason*, qu'on nomme autrement *Jasius*, et de *Cérès*. Il était aveugle, boiteux, sans jugement, et d'une extrême timidité. Ses attributs lui conviennent on ne peut pas mieux; le partage qu'il fait des richesses, dont il accable les méchans pendant qu'il laisse la plupart de tous les gens de bien dans l'indigence, prouve bien qu'il est aveugle et insensé; sa lenteur à les donner est une marque qu'il est effectivement boiteux; enfin les inquiétudes des riches qui veillent incessamment à la garde de leurs trésors dans la crainte qu'ils ont de les perdre, ne sont-elles pas une preuve de la timidité de ce dieu ? Nous vous remercions, monsieur, dit Théophile, des éclaircissemens que vous venez de nous donner, ainsi que des applications instructives que vous avez bien voulu y joindre.

DIXIÈME ENTRETIEN.

Divinités terrestres.

Nous allons consacrer, mes amis, cet entretien aux divinités terrestres, car la terre, comme le ciel et les enfers et la mer, avait ses dieux. Ceux qui présidaient aux champs, tenaient le premier rang : *Pan*, fils de Mercure et de Palès, déesse des bergers; on le représente avec la tête, les pieds, la barbe et les cornes d'un bouc ; il était accompagné de satyres représentés de même, et de sylvains, dieux des forêts. Les autres divinités champêtres étaient *Faune; Pomone*, déesse des fruits; *Flore*, déesse des fleurs; les fleuves et les fontaines avaient aussi leurs dieux.

On comptait encore un grand nombre d'autres divinités, savoir : *la Fortune*, représentée un bandeau sur les yeux ; elle se tenait sur une roue qui tournait; *Némésis*, la déesse des vengeances célestes ; la Nuit, le Sommeil et *Morphée; Thémis*, déesse de la justice, tenant des balances; *Momus*, le dieu des ris et des jeux, représenté avec une marotte; *Comus*, le dieu de la bonne chère; *Esculape*, dieu de la médecine ; *Hygie*, sa fille, déesse de la santé ; *Harpocrate*, dieu du silence, représenté avec un doigt sur la bouche.

Des temples étaient aussi élevés, soit à des maux et à des vices, soit à des biens et à des vertus, et particulièrement à la piété, sous le nom d'*Astrée*; et je vais, si vous voulez redoubler d'attention, vous citer une anecdote qui vous prouvera la grandeur d'âme et l'élévation du génie des Romains. Ah ! notre cher maître, s'écrièrent les élèves avec transport, nous vous écouterons toujours avec plaisir.

L'histoire rapporte, reprit le maître, que les Romains bâtirent autrefois deux temples, dont l'un était consacré à la vertu, et l'autre à la gloire, et que ces deux temples étaient construits de manière qu'on ne pouvait entrer dans celui de la gloire sans avoir passé par celui de la vertu. Je crois mes amis, que vous sentez assez quelles étaient en cela les vues des Romains, et qu'il est inutile de vous dire que c'était pour montrer qu'il n'est pas de vraie gloire sans la vertu. Ainsi vous comprenez, sans que je vous le dise, combien il vous importe de pratiquer cette vertu, sans laquelle vos richesses, quelque grandes qu'elles soient, et vos amis, quelque puissans qu'ils se trouvent, ne vous acquerront jamais la vraie et solide gloire. Oui, notre cher maître, dirent les élèves, nous ferons tous nos efforts pour profiter de la leçon que vous venez de nous donner.

DES DEMI-DIEUX ET DES HÉROS.

ONZIÈME ENTRETIEN.

Persée.

Quoique les héros de l'antiquité, dit le maître, semblent plutôt appartenir à l'histoire qu'à la fable, cependant, mes amis, je vais vous en donner une idée à cause du merveilleux que les poètes ont répandu sur leurs actions. On entend par demi-dieux, ceux qui étaient nés d'un dieu et d'une mortelle, ou d'un mortel et d'une déesse; et par héros de la fable, des hommes que l'on plaça dans le ciel, et à qui l'on accorda les honneurs de la divinité, à cause des actions éclatantes de leur vie, ou des services qu'ils avaient rendus sur la terre. Persée tient le premier rang. L'histoire de sa naissance mérite votre attention.

Acrisius, roi d'Argos, ayant su de l'oracle qu'il devait périr par l'enfant qui naîtrait de Danaé, sa fille, enferma celle-ci dans une tour d'airain, et lui donna des gardes, pour empêcher qu'aucun homme ne l'approchât; mais Jupiter, changé en pluie d'or, arriva jusqu'à Danaé, et la rendit mère de Persée.

Que fit Acrisius de cet enfant? demanda Amédée. Acrisius, répondit le maître, l'emferma dans un coffre, et le fit jeter dans la mer.

Oh, le pauvre petit ! s'écria Ariste. Ne vous alarmez pas sur son sort, reprit le maître, car il fut sauvé par des pêcheurs; il s'éloigna, fut élevé avec soin à la cour de Polidècle, et devint fameux par ses exploits et ses voyages.

Nous voudrions bien que vous nous racontiez une partie de ses exploits, dit Théophile. — Volontiers, mes amis.

Armé d'un bouclier et d'un casque qui lui laissaient voir tous les objets sans être vu lui-même, Persée combattit les trois Gorgones, et coupa la tête, sans la regarder, à la plus redoutable des trois, Méduse, qui était hérissée de serpens, et pétrifiait tous ceux qui la voyaient. Du sang qui en sortit, naquit le cheval Pégase, qui, d'un coup de pied, comme je vous l'ai déjà dit, fit jaillir la fontaine d'Hippocrène. Avec cette tête, dit Amédée, Persée devait être bien fort ? — Il changea en rocher Atlas, qui lui refusa l'hospitalité ; il délivra Andromède du monstre marin qui allait la dévorer sur le rocher où elle était attachée. Il vainquit Phinée, oncle de cette princesse, à qui elle avait été fiancée, et qui vint à la tête d'une troupe nombreuse pour la lui ravir ; il en massacra une partie, et changea le reste en pierres.

Mais, monsieur, dit Ariste, Persée tua-t-il son grand-père, suivant la prédiction de l'oracle ? — Il le tua par mégarde, lorsqu'il revint en Grèce après avoir épousé Andromède. — Que devint cette fameuse tête de Méduse ? — Elle passa sur le bouclier de Pallas.

DOUZIÈME ENTRETIEN.

Hercule.

Nous voici revenus à Hercule, mes amis, comme je vous l'avais promis, dit le maître à ses élèves. Oh bon ! s'écrie Amédée, comme je vais bien écouter ! car il me tarde de connaître ces fameux travaux dont on ne cesse de parler.

Hercule, fils de Jupiter et d'Alcmène, reprit le maître, eut deux noms propres, et une infinité de surnoms : ses parens l'appelèrent d'abord *Alcide*, d'un mot grec qui signifie force, parce qu'il n'y avait point de mortel qu'il ne surpassât en force. Ensuite on lui donna le nom d'Hercule, tiré du nom grec de Junon, qui signifie gloire, parce que la haine de Junon contre lui, ne servit qu'à relever l'éclat de sa gloire. Je passe sous silence les surnoms de ce héros. Tout le monde sait qu'ils tirent leur origine, ou des noms des lieux qu'il rendit célèbres par ses belles actions, ou de la nature même des hauts faits qui l'ont rendu recommandable. Je vais seulement vous raconter en peu de mots les belles actions dans lesquelles il trouva tant de difficultés à surmonter, qu'on les appelle ordinairement par excellence les travaux d'Hercule.

Hercule, par l'ordre de Jupiter et la mauvaise volonté de Junon, fut soumis, comme nous l'avons dit, à l'empire d'Euristhée. L'oracle d'Apollon de Delphes l'avertit encore de se soumettre à ce prince, et de ne point faire difficulté d'accepter les douze commandemens qu'il devait lui faire. Il les exécuta avec autant de courage que de bonheur, quoiqu'ils fussent très-cruels et très-difficiles.

1°. Il tua le lion de Némée, qui, suivant l'imagination de quelques-uns, était tombé du globe de la lune. Cet animal était si terrible, qu'on ne passait pas sans danger dans la forêt de Némée. Comme le fer ne faisait rien contre lui, Hercule de ses propres mains le déchira par morceaux, et se fit une cuirasse et un bouclier de sa peau, qu'il porta toujours depuis.

2°. Il donna la mort à l'Hydre. C'était un monstre horrible qui se tenait dans un lac appelé Lerne, dans le territoire d'Argos. Il avait sept têtes : il y en a qui disent qu'il en avait neuf, et d'autres lui en donnent jusqu'à cinquante. On ne lui en avait pas plus tôt coupé une, qu'il en renaissait une autre à la place, à moins qu'on ne mît le feu à la plaie pour en arrêter le sang. Il le tua cependant, aidé d'Iolaüs, qui lui fournissait des torches allumées dans une forêt voisine. Cet Iolaüs étant parvenu à un âge décrépit, fut rajeuni à la prière d'Hercule.

3°. Il amena, lié et garrotté, à Euristhée, un sanglier affreux par sa grandeur, qui ravageait les campagnes du mont *Erimanthe*.

4°. Il lui amena de même la biche aux cornes d'or et aux pieds d'airain, qu'il prit à la course.

5°. Il chassa des environs du lac *Stymphale* les oiseaux monstrueux qui faisaient encore plus de dégât, et déchiraient les passans avec leurs ongles.

6°. Il vainquit les Amazones, et rapporta la ceinture de leur reine, qu'on lui avait demandée.

7°. Ayant détourné les eaux du fleuve *Pénée*, il nettoya les écuries du roi *Augias*, où depuis plusieurs années il s'était amassé une immense quantité de fumier qui empoisonnait l'air.

8°. Il tua deux tyrans, Busiris, roi d'Égypte, qui immolait à Jupiter tous les étrangers, et Diomède, roi de Thrace, qui les faisait fouler aux pieds et dévorer par ses chevaux.

9°. Il punit de même Geryon, roi d'Espagne, monstre à trois corps, non moins cruel que les deux princes dont nous venons de parler.

10°. Il dompta le taureau féroce que Neptune, dans sa colère, avait produit pour la perte de la Grèce.

11°. Il enleva les pommes d'or du jardin des Hespérides, en endormant le dragon qui les gardait ; il fut aidé dans ce travail par Atlas, qui portait le ciel sur ses épaules, pendant qu'Hercule cueillait les pommes.

12°. Enfin il descendit aux enfers, où il délivra son ami Thésée, et contraignit Cerbère à voir, pour la première fois, la lumière du jour, en l'entraînant avec lui sur la terre.

Voilà, dit Amédée, des travaux dignes d'admiration. Oui, répondit le maître : il en fit encore une infinité d'autres dignes d'être transmis à la postérité, mais malheureusement il ternit l'éclat de sa gloire, et sa fin malheureuse nous prouve que les grands hommes font souvent de grandes fautes. Les élèves pressèrent leur maître de leur raconter les circonstances des dernières années de la vie d'Hercule.

Mes amis, continua-t-il, esclave d'Omphale, reine de Lydie, ce héros échangea sa massue contre une quenouille, et la dépouille du lion contre un vêtement de femme. De retour dans la Grèce, ayant vaincu le fleuve *Achélaüs*, son rival, il épousa *Déjanire*, sœur de Méléagre, et perça de ses flèches le centaure *Nessus*, qui voulait la lui enlever. Ce centaure en mourant se vengea d'une manière bien cruelle : il conseilla à la crédule Déjanire de prendre son vêtement, qu'il avait trempé dans son sang, très-venimeux, en l'assurant que si Hercule portait ce vêtement, il n'aimerait jamais une autre femme. Déjanire envoya cette funeste tunique à Hercule, un jour qu'il faisait un sacrifice sur le mont Œta. A peine l'eut-il revêtue, qu'il se sentit dévorer par un feu intérieur que rien ne pouvait calmer. Transporté de fureur, il précipita dans la mer l'esclave qui lui avait apporté ce funeste présent ; puis étant monté sur le bûcher, il pria ses amis d'y mettre le feu. La flamme ayant consumé tout ce qu'il avait de mortel, il fut enlevé au ciel par Jupiter, et il épousa Hébé, déesse de la jeunesse.

TREIZIÈME ENTRETIEN.

Orphée.

TANDIS que tout pliait sous la massue d'Hercule, mes amis, tout cédait à la lyre d'Orphée, fils d'Apollon et de la muse Calliope. Il jouait si parfaitement de la lyre, dont son père lui avait fait présent, qu'il apprivoisait les animaux les plus farouches, qu'il suspendait le cours des fleuves, et qu'il faisait l'admiration de toutes les forêts. On prétend qu'il descendit aux enfers avec sa lyre, pour prier Pluton et Proserpine de lui rendre sa femme Euridice, qu'un serpent avait tuée lorsqu'elle fuyait Aristée qui la poursuivait, et que ces divinités, toutes cruelles qu'elles étaient, furent si sensibles à la douceur de ses chants, qu'elles lui accordèrent la grâce du retour de sa femme, à condition cependant qu'il ne la regarderait point qu'il ne fût sur la terre; mais son amour impatient ne lui ayant pas permis de remplir cette condition, elle lui fut ravie une seconde fois; Orphée en eut tant de douleur, qu'il ne voulut plus entendre parler de mariage, et qu'il en détourna une infinité d'autres, ce qui fut cause que les Bacchantes le déchirèrent par morceaux; les muses ayant ramassé ses os, les mirent dans un tombeau. Ce ne fut pas sans verser beaucoup de larmes. Quel malheur ! s'écria Amédée : mais que devint ce méchant Aristée ?

Les nymphes, continua le maître, lui voulurent beaucoup de mal, et elles vengèrent la mort d'Euridice par celle de toutes ses abeilles. Aristée, inconsolable de la perte de ses mouches, implora le secours de sa mère, Cyrène. L'oracle qu'il consulta lui répondit qu'il fallait qu'il apaisât les mânes d'Euridice par des sacrifices ; et dans le temps qu'il lui immolait quatre taureaux et autant de génisses, on dit qu'il sortit du corps des bœufs un gros essaim d'abeilles, et qu'ainsi sa perte fut réparée. Voilà ce qui s'appelle en être quitte à bon marché, dit le jeune Ariste. Prenez garde, mon ami, reprit le maître, le ciel a ses desseins, souvent il pardonne au coupable pour lui donner le temps de réparer, en faisant le bien, le mal dont il a été cause.

QUATORZIÈME ENTRETIEN.

Castor et Pollux.

JAMAIS frères, mes amis, dit le maître, ne s'aimèrent aussi tendrement que Castor et Pollux ; et jamais on n'en vit de preuves plus frappantes, car Pollux, qui, en sa qualité de fils de Jupiter, était né immortel, n'hésita point de partager son immortalité avec son frère. Et comment se fit ce partage ? demanda Théophile. D'après le consentement de Jupiter, reprit le maître : ils vivaient et mouraient tour à tour. Ils ont été placés parmi les astres, et on les connaît dans le zodiaque sous le nom de gémeaux. C'est un grand honneur, dit Amédée. — Il leur fut accordé en récompense des bons services qu'ils ont rendus aux mortels, particulièrement en donnant la chasse sur mer aux pirates. Aussi les marins leur adressaient-ils des vœux, et leur immolaient-ils des agneaux blancs.

Mais avant de quitter ces deux demi-dieux, je vais vous rapporter un trait qui prouve leur reconnaissance. On dit que Simonide soupait un jour à Crannore, ville de Thessalie, chez Scopus, homme de qualité, et qui avait de grands biens; qu'il lui récita une pièce de vers qu'il avait faite à sa gloire, et où, selon la coutume des poètes, pour y mettre de l'ornement, il avait mêlé quelque chose à la louange de Castor et Pollux: mais que cet homme dit malhonnêtement à Simonide qu'il ne lui donnerait que la moitié de ce qu'il lui avait promis, et que s'il le jugeait à propos, il pouvait demander le reste à Castor et à Pollux, qu'il n'avait pas moins loués que lui. Peu après on vint dire à Simonide que deux jeunes gens le demandaient à la porte, et qu'ils avaient quelque chose de fort pressant à lui dire. Il se leva aussitôt pour aller voir ce que c'était, et il ne trouva personne. Cependant le plancher de la salle où l'on soupait fondit ; Scopus et tous ceux qui y étaient furent accablés sous les ruines. On a toujours cru que c'étaient Castor et Pollux qui avaient sauvé Simonide du danger dont il était menacé. Que pensez-vous de cette anecdote, mes amis ? quelle conséquence en tirez-vous? Voyons, Théophile; parlez. J'en tire la conséquence, répondit l'enfant, que si Castor et Pollux nous donnent l'exemple de l'amitié qui doit régner entre des frères, Simonide nous donne l'exemple des honneurs que nous devons rendre à la divinité. Fort bien, mon ami ! s'écria le maître; venez m'embrasser.

QUINZIÈME ENTRETIEN.

Thésée, Cadmus, OEdipe, Étéocle et Polynice.

Nous allons passer rapidement, mes amis, dit le maître, sur ce qui regarde Thésée, Cadmus, OEdipe, Éthéocle, et Polynice, parce que nous craindrions d'aller au-delà des bornes prescrites par les notions convenables à votre enfance.

Thésée n'offre rien de remarquable que la victoire qu'il remporta sur le Minotaure dans le labyrinthe de l'île de Crète. Ce Minotaure

était un monstre moitié homme et moitié taureau, auquel les Athéniens étaient obligés d'envoyer sept jeunes gens à dévorer, en punition du meurtre d'Androgée, fille de Minos, roi de Crète.

Cadmus ne fixe l'attention que lorsque ses compagnons ayant été dévorés par un dragon, il le tua; il sema les dents de ce monstre, dont il sortit des soldats armés qui s'entr'égorgèrent : il n'en resta que cinq qui l'aidèrent à bâtir la ville de Thèbes.

OEdipe intéresse par ses malheurs et par la manière dont il expliqua l'énigme que lui proposa le Sphinx, monstre qui avait une tête de femme, un corps de chien, des ailes et une queue de dragon, des pieds et des ongles de lion. Ce monstre demanda à OEdipe quel est l'animal qui marche le matin à quatre pieds, à midi sur deux, et le soir sur trois.

OEdipe répondit que cet animal était l'homme, qui dans son matin, c'est-à-dire dans son enfance, se traîne sur ses pieds et sur ses mains; dans son midi, c'est-à-dire dans sa jeunesse et dans la force de l'âge, se soutient sur ses deux pieds; et vers le soir de sa vie, c'est-à-dire dans sa vieillesse, s'appuie sur un bâton qui lui sert comme de troisième pied.

Étéocle et *Polynice* ne sont célèbres que par la haine qu'ils s'étaient jurée. S'étant percés inutilement dans un combat, leurs cadavres furent placés sur le même bûcher. On dit que les flammes de chacun se divisèrent, comme si la mort n'avait pu terminer la haine de ces deux frères. Oh ! les vilains frères, s'écrie Ariste ; leur exemple est autant à fuir que celui de Castor et Pollux est à imiter.

SEIZIÈME ENTRETIEN.

Jason et les Argonautes.

L'histoire de Jason et des Argonautes, mes amis, dit le maître, va remplir tout cet entretien ; elle mérite toute votre attention. Jason, fils d'Ason, roi de Thessalie et d'Alcimède, après la mort de son père, comme héritier légitime de la couronne, demanda à son oncle Pélias qu'il lui remît son royaume, dont il avait eu l'administration pendant sa minorité. L'oncle, pour se défaire de son neveu par les fatigues d'un long voyage, le pressa de partir pour l'expédition de la Colchide, sous prétexte d'y faire la conquête de la toison d'or : cette toison était la peau d'un bélier ; les uns disent qu'elle était blanche, les autres qu'elle était pourpre. Phryxus, fils d'Athamante, avait eu autrefois ce bélier de sa mère Néphalé, et comme il craignait que les embûches que lui dressait tous les jours une belle-mère nommée *Ino*, n'eussent enfin des suites funestes pour lui, il monta sur son bélier et se sauva avec sa sœur Hellé, qu'il fit monter derrière lui; mais pendant qu'il traversait le bras de mer du Pont, Hellé, épouvantée par l'agitation des flots, tomba dans ce bras de mer, qu'on a toujours appelé depuis Hellespont, qui est un détroit qui sépare l'Asie de l'Europe.

Mais que devint Phryxus? demanda Théophile. Il passa heureusement, répondit le maître, et se réfugia auprès d'OEta, roi de Colchos, dont il fut très-bien reçu; il sacrifia à Jupiter ou à Mars son bélier, lequel est présentement un des signes du zodiaque; il suspendit la toison de cet animal à un arbre, dans un bois consacré au dieu Mars. Parce que cette toison était de couleur d'or, on l'appela la toison d'or; et comme si c'eût été quelque chose de sacré d'où dépendait le salut de l'état, on en confia la garde à un cruel dragon qui ne dormait jamais, et à des taureaux qui jetaient le feu par les narines. C'est cette toison que Jason enleva.

Ce jeune prince, pour cette expédition, monta sur un vaisseau appelé Argos, du nom de l'ouvrier qui le fabriqua, avec quarante-neuf compagnons, qui prirent le nom d'Argonautes. Hercule, Orphée, Castor et Pollux, étaient les premiers de ces héros. Jason, après avoir essuyé les périls d'une longue navigation, arriva heureusement dans la Colchide; il pria *OEta* de lui donner la toison d'or. Le roi lui répondit qu'il la lui accorderait à condition qu'il dompterait et assujettirait au joug les taureaux aux pieds d'airain, qu'il tuerait le dragon, qu'il semerait ses dents dans la terre, après l'avoir labourée avec les taureaux ; et qu'il déferait les meilleurs soldats armés qui naîtraient de cette semence.

Jason, forcé d'accepter ces conditions, s'exposait à de grands périls; mais Médée, fille du roi, et fameuse magicienne, sensible au mérite de ce prince, lui ayant donné des herbes pour endormir le dragon et tuer les taureaux, il enleva la toison d'or, et s'enfuit de nuit avec Médée, qu'il avait épousée. *OEta* poursuivit ces fugitifs ; et Médée, afin qu'il ne pût les atteindre, coupa par morceaux le corps de son frère, qu'elle avait pris pour compagnon de son voyage, et sema ses membres par les chemins. Le temps que mit son père à les ramasser, fit qu'il ne put jamais les joindre; ainsi Jason revint avec les autres Argonautes dans sa patrie, où Médée se servit de l'expérience qu'elle avait dans l'art magique, pour rendre à son beau-père, très-vieux, une florissante jeunesse; elle promit aux filles de Pélias de leur accorder la même faveur pour leur père, qu'elles n'eurent point de peine à étrangler; mais elles furent trompées dans leur espérance.

Jason ayant conçu de l'aversion pour Médée, fit divorce, et épousa Créuse, fille de Créon, roi de Corinthe. Médée, pour se venger, égorgea à ses yeux deux enfans qu'elle avait eus de lui; ensuite elle envoya une cassette pleine de feu à Créuse, qui fut brûlée au milieu de son palais réduit en cendres. Enfin, cette magicienne s'éleva dans les airs, et prit son vol du côté d'Athènes, où elle se réfugia.

DIX-SEPTIÈME ENTRETIEN.

Cause de la guerre de Troie.

Priam, roi de Troie, ayant consulté les devins sur un songe qu'Hécube, son épouse, avait eu en dormant, apprit que l'enfant qu'elle portait dans son sein serait un jour la cause de la ruine de son royaume. Ce prince, pour éviter un tel malheur, commanda que quand cet enfant serait né, on l'exposât à la fureur des bêtes sauvages pour être dévoré. La mère ayant pitié de cet enfant, le fit élever en secret. Etant devenu grand, il fit paraître tant d'équité, qu'il fut pris pour arbitre d'un différent qui s'éleva entre Junon, Pallas et Vénus, pour prix de la beauté. Pâris prononça en faveur de Vénus. Cette déesse, pour le récompenser, lui promit de lui donner pour femme la plus belle personne du monde; elle le conduisit pour cet effet en Grèce, où il enleva Hélène, femme de Ménélas, et l'emmena à Troie. C'est ce qui causa le malheur du prince son père et la ruine de son royaume.

Je ne vous parlerai point de cette guerre fameuse où il se fit des prodiges de valeur de toutes parts. Il me suffit de vous faire remarquer la piété d'Énée, qui, voyant la ville de Troie en proie aux flammes, n'emporta de toutes ses richesses que son père sur ses épaules, ses dieux Pénates entre ses bras, et son fils Ascagne, qu'il tenait par la main.

Les Pénates ont été ainsi nommés de ce qu'ils avaient leur place dans l'intérieur de la maison. Les poètes prétendent que ces dieux étaient dans les lieux les plus secrets du ciel ; et ils distinguaient sur la terre trois ordres de dieux Pénates : le premier était de ceux qui prenaient soin des royaumes et des provinces ; le second, de ceux qui veillaient à la conservation des villes ; et le troisième, de ceux qui présidaient dans les maisons.

XVIII* ET ERNIER DENTRETIEN.

Récapitulation et morale de la Fable.

Voici, mes amis, la dernière fois que vous allez être privés de votre récréation. — Comment ! notre cher maître : le temps que nous passons à vous écouter est pour nous un vrai plaisir. — Je veux voir si vous avez retenu ce que je vous ai dit sur la mythologie, faisons-en l'analyse. Commencez, Amédée.

Monsieur, dit le jeune élève, vous nous avez dit que la mythologie consistait dans le culte des faux dieux. Vous avez partagé ce petit traité en deux parties. La première comprend les grands et petits dieux, et la seconde les demi-dieux et les héros. De là vous nous avez fait l'histoire de Saturne, père de Jupiter, que celui-ci détrôna, parce qu'il voulait le faire périr; ensuite de Cybèle et Cérès, de Jupiter, dieu du ciel, de Junon, son épouse, d'Apollon et Diane, de Bacchus et Mercure, de Vénus, de Neptune, dieu des mers, de Pluton, dieu des enfers; et vous nous avez expliqué la manière dont on les représentait. — C'est assez pour vous, mon ami, je suis content. Continuez, Théophile.

Théophile prit la suite de l'analyse. Amédée, dit-il, est resté aux divinités terrestres, dont vous nous avez détaillé les différentes fonctions. De là vous êtes passé aux demi-dieux et aux héros. Vous avez parlé de Persée, qui, armé de la tête de Méduse, remporta plusieurs victoires; ensuite vous nous avez fait l'énumération des travaux d'Hercule. — Je n'ai pas besoin de vous laisser parler plus long-temps, dit le maître, pour me convaincre de ce que vous savez; votre application m'est connue. Voyons, Ariste.

Le petit étourdi parla précipitamment, mais développa fort bien tout ce qui regardait Orphée, Castor et Pollux, Thésée, Cadmus, Œdipe, Étéocle et Polynice.

Enfin le plus jeune de tous, Alphonse, raconta l'histoire de Jason et des Argonautes, détailla la cause de la guerre de Troie, et fit la distinction des dieux Pénates avec tant d'agrément, que son maître et ses camarades l'embrassèrent.

Je suis très-satisfait, mes amis, dit le maître, je vois que mes peines ne sont point perdues; mais retenez bien que, quoique les fables soient le fruit de l'imagination des poètes, on y peut trouver des instructions utiles sous le rapport de la morale; par exemple, dans Tantale on reconnaît l'avare, dans Marsyas écorché par Apollon, les dangers de l'ignorance présomptueuse; enfin, pour celui qui aura réfléchi, presque toutes les fables, mes amis, sont des allégories sous le voile desquelles il découvrira d'utiles vérités.

Les élèves remercièrent de nouveau leur maître de sa complaisance, et ils ne tardèrent pas à aller faire, avec leurs parens, l'essai des connaissances qu'ils venaient d'acquérir.

FIN.

www.ingramcontent.com/pod-product-compliance
Lightning Source LLC
LaVergne TN
LVHW052108090426
835512LV00035B/1326